BEI GRIN MACHT SICH IHR
WISSEN BEZAHLT

AF144470

- Wir veröffentlichen Ihre Hausarbeit,
  Bachelor- und Masterarbeit

- Ihr eigenes eBook und Buch -
  weltweit in allen wichtigen Shops

- Verdienen Sie an jedem Verkauf

Jetzt bei www.GRIN.com hochladen
und kostenlos publizieren

Bibliografische Information der Deutschen Nationalbibliothek:

Die Deutsche Bibliothek verzeichnet diese Publikation in der Deutschen National-
bibliografie; detaillierte bibliografische Daten sind im Internet über http://dnb.d-
nb.de/ abrufbar.

Impressum:

Copyright © 2015 GRIN Verlag, Open Publishing GmbH
Druck und Bindung: Books on Demand GmbH, Norderstedt Germany
ISBN: 978-3-668-15021-8

Dieses Buch bei GRIN:

http://www.grin.com/de/e-book/315912/die-mars-chroniken-ray-bradburys-eine-
dystopie

Fabian Abel

"Die Mars-Chroniken" Ray Bradburys. Eine Dystopie?

GRIN Verlag

Die Mars-Chroniken Ray Bradburys - Eine Dystopie?

Fabian Abel
Münchenkolleg
K III

05. November 2015

Inhaltsverzeichnis

1 Die Mars-Chroniken Ray Bradburys – eine Dystopie?

Der vielfach ausgezeichnete US-amerikanische Autor Ray Bradbury (22. 08. 1920 – 05. 06. 2012) zählt zu den bedeutenden Erzählern des Science-Fiction im 20. Jahrhunderts. Zu seinen bekannten Werken gehören *Fahrenheit 451* (1953) und *Death is a Lonely Business* (1985). So sind auch die *Mars-Chroniken*, das hier besprochene Werk, eine Sammlung von zusammenhängenden Kurzgeschichten. Vor Veröffentlichung des Gesamtwerks erschienen bereits Episoden aus dem Band in einschlägigen Zeitungen und Zeitschriften.

In den *Mars-Chroniken* beschreibt Bradbury die fiktive Entdeckung, Erkundung und Besiedelung des Planeten Mars. Eine ursprüngliche, ab 1946 entstandene und 1950 erschienene Version der Erzählung lässt die Handlung im Jahre 1999 beginnen und im Jahre 2026 enden. In einer 2008 überarbeiteten Version wurden die Jahreszahlen in die fernere Zukunft gesetzt, um den Charakter der Zukünftigkeit der Ereignisse zu wahren. Das Werk lässt somit in drei Phasen einteilen. Zunächst geht es um Erkundungsmissionen durch Raumfahrer von der Erde auf dem Planeten Mars. In der zweiten Phase kommen die ersten Pioniere auf dem Mars an. Sie schließt mit der vollständigen Kolonialisierung des Mars ab. Schließlich beschreibt die dritte Phase, wie die Menschen des Mars ihre neue Heimat verlassen, um den Bewohnern der Erde während eines Atomkrieges beizustehen. Nur wenige Überlebende kehren zum Mars zurück.

In der frühen Neuzeit war es die Sehnsucht der Menschen, eine neue Weltordnung zu schaffen, im Idealstaat zu leben. Allen voran schuf der englische Denker Thomas Morus ein Werk mit dem Titel *Utopia*. Der Begriff leitet sich aus dem Altgriechischen *uk-topos* ab und bedeutet soviel, wie »Un-Ort«. In einer fiktiven Geschichte wird ein ideales, für den Bürger optimal gedachtes, Gesellschaftsbild entworfen, das nirgends in der Welt ein reales Gegenstück besitzt. Bestehende Gesellschaftssysteme werden darin kritisiert und in Form einer Erzählung aufgezeigt, wie eine für den Menschen lebenswürdige Gesellschaft auszusehen hat. Dass es einen Idealstaat nicht geben kann, hat seither die Geschichte gelehrt. Im Gegensatz zu einer Utopie handelt die *Dystopie* zwar auch von einer fiktiv entworfenen Gesellschaft, jedoch zeigt sie gerade, dass es die Menschen sind, ihre unterschiedlichen Interessen und Lebensentwürfe, welche es verhindern, dass sich alle dem Idealbild eines Staates oder einer Gesellschaft fügen, welche sich einige Wenige ersonnen haben. Wie eine Utopie entwirft also auch die *Dystopie* eine Gesellschaft, jedoch ist diese zum scheitern verurteilt. Einen solchen Entwurf liefert Bradbury mit der Geschichte der

Gesellschaft der Menschen auf dem Mars, ihrer Entstehung und ihrem Niedergang. Diese These soll im Nachstehenden aufgegriffen und anhand einiger Merkmale der Literaturform *Dystopie* im Vergleich mit Bradburys *Mars-Chroniken* dargelegt werden.

2 Welche Elemente der Literaturform »Dystopie« sind in den *Mars-Chroniken* enthalten?

In der Literaturforschung wird der klassischen Dystopie ein dreiteiliger Aufbau zugrunde gelegt. Dieser dreiteilige Aufbau lässt sich, wenn auch die künstlerische Freiheit einige Abweichungen davon zulässt, in ihren groben Zügen auch an den *Mars-Chroniken* aufzeigen. Die Dystopie kann in der Literaturwissenschaft wie nachstehend eingeteilt werden:

»1. Exposition ohne Narratio der Genese des fiktionalen Staates und der Gesellschaft.«

Dies bedeutet, dass ein plötzlicher Einstieg in die Handlung der Geschichte erfolgt. Bei anderen fiktionalen Darstellungen einer Gesellschaftsform oder eines Staats ähnlichen Gebildes wird oftmals im Vorspann die Entstehung dieser Gesellschaft bzw. dieses Staates erörtert. Beispielsweise wird im Science-Fiction-Film *Ender's Game* (2013) wird im Vorspann gezeigt, wie es zur aktuellen Form der Lebenswelt kam.

»2. Beginnender Erkenntnisprozess seitens des Protagonisten und Abkehr von der Ideologie.«

Der Held der Geschichte muss erkennen, dass die Form der Gesellschaft deren Teil er ist, nicht ein Ideal darstellt, so wie sie die Führer dieser Gesellschaft darstellen, sondern im Gegenteil, zur Aufrechterhaltung dieses Ideals, Menschen in ihrer Freiheit unterdrückt werden müssen. Die Gesellschaft geht gegen kritische Stimmen vor.

»3. Repression seitens des Staates zwecks physischer und bzw. oder psychischer Vernichtung des aufbegehrenden Protagonisten ...«

Der dritte Teil ist eine logische Folge aus dem zweiten Teil. In den *Mars-Chroniken*, wie noch zu zeigen sein wird, kann die Menschheit insgesamt als Protagonist aufgefasst werden.

2. 1 Plötzlicher Einstieg in das Geschehen

Das Merkmal der Dystopie »Exposition ohne Narratio der Genese« lässt sich gleich anhand der ersten Geschichte der *Mars-Chroniken* mit dem Titel *Januar 1999 – Raketensommer* (vgl. S. 11) aufzeigen. Diese Geschichte beschreibt lediglich den Raketenstart im U.S.-Bundesstaat

Ohio zum Mars. Darin schreibt Bradbury über die Jahreszeit Winter. Wohl durch den Start der Rakete wird ein Temperaturanstieg ausgelöst und das Klima wird sommerlich. So sprechen die Menschen fortan von einem »Raktetensommer«. Auch die zweite Erzählung *Februar 1999 – Ylla* (vgl. S. 12 ff.) beschreibt das Zusammensein eines marsianischen Ehepaares wie sie ihr alltägliches Leben führen. Lediglich die Tagträume der Frau K deuten auf das folgende Geschehen, die Marslandung der Erdenbewohner, hin. Auch hier fehlt jegliche Form einer Vorgeschichte, welche die Gründe der erzählten Jetzt-Situation darlegen würde.

Auf die Dystopie bezogen, wird an dieser Beschreibung des Autors deutlich, wie jede Vorgeschichte fehlt. Er leitet sein Werk nicht damit ein, warum eine Rakete zum Mars startet. Vielmehr lässt er das Geschehen plötzlich und abrupt, wenn auch chronologisch in der richtigen Reihenfolge beginnen. Hieran wird das erste oben umrissene Aufbauelement einer Dystopie ersichtlich.

2. 2 *Juni 2001* – Erste kritische Erkenntnis

In der Erzählung *Juni 2001 - … so hell des Mondes Pracht* (vgl. S. 76 ff.) wird die dritte Marsexpedition von der Erde aus beschrieben. An Bord des Raumschiffes befindet sich der Archäologe Jeff Spender. Auf dem roten Planeten angekommen, stellt die Besatzung fest, dass die Zivilisation des Mars ausgerottet wurde. Eine Windpockenepidemie, welche durch eine vorausgegangene Expedition von der Erde aus eingeschleppt wurde, löschte die gesamte Marszivilisation aus. Spender nahm an der Marsexpedition teil, um den gesellschaftlichen Strukturen auf der Erde zu entgehen. Im Verlauf der Geschichte wird ihm klar, dass sich bei einer Besiedlung des Mars durch die Menschen die Zustände auf der Erde wiederholen werden. »… die Leute werden ihren Atombombendreck hier heraufhauen und um Stützpunkte kämpfen, von den aus man Krieg führen kann. Reicht ein zugrunde gerichteter Planet nicht aus?« (S. S. 98). Spender legt hier seine Intention für die Marsreise dar, kurz bevor er von dem Kommandanten des Raumschiffes erschossen wird. Er wollte selbst verhindern, dass der Mars das Spiegelbild einer zweiten menschlichen Gesellschaft wird und die weitere Besiedlung vereiteln, wenn nötig durch die Ermordung der Crewmitglieder. Im Verlauf dieses Konflikts und Erkenntnisprozesses wird Spender selbst Opfer. Der Erkenntnisprozess Spenders wird nicht durch eine Beschreibung seiner Gedanken ausgedrückt. Es gibt keine Introspektive in die Gedanken Spenders. Geschildert wird seine Tätigkeit als Archäologe, der die Marsgesellschaft, ihre Kunst und ihre Kultur erforscht. Aufgrund der Betrachtung dieser vergangenen Zivilisation wird ihm die Differenz zwischen dem Leben auf der Erde und dem harmonischen, mit der Natur im Einklang befindlichen Leben der Marsianer deutlich. So reift der Entschluss sich kritisch gegen die Besiedlung des Mars zu stellen und den Mars als Ort der Abgeschiedenheit und Freiheit zu bewahren.

Hier findet sich das zweite Element der Dystopie wieder: Der Protagonist Jeff Spender wendet sich von dem ursprünglichen Ansinnen der Marsexpedition ab. Er kann das Ziel, den Mars für die Menschen urbar zu machen, nicht mehr nachvollziehen. Er erkennt und befürchtet, dass sich die schrecklichen Zustände auf der Erde, wie beispielsweise Atomkriege – die zur Zeit der Entstehung der *Mars-Chroniken* die größte Bedrohung der Menschheit darstellten –, sich auf dem Mars wiederholen werden.

2. 3 Auslöschung fast der gesamten Menschheit

Das dritte Merkmal, die Unterdrückung des Protagonisten, findet sich bereits in der oben besprochenen Kurzgeschichte, da Jeff Spender vom Kommandanten erschossen wird. Dieses Merkmal lässt sich aber auch auf die gesamte Menschheit ausdehnen. In der Erzählung *November 2005 – die Zuschauer* (vgl. S. 210 ff.) wird den nun zahlreichen Marsbewohner bewusst, dass auf der Erde ein vernichtender Atomkrieg wütet. Hilferufe erreichen die Menschen auf dem Mars, mit der Bitte auf die Erde zurückzukommen und den dort verbleibenden Bewohnern zu helfen. In der folgenden Erzählung *Dezember 2005 – die stummen Städte* (vgl. S. 213 ff.) geht es darum, dass Walter Gripp von einer einsamen Hütte außerhalb einer Marsstadt in die ehemals bewohnte Marsstadt zieht. In der Stadt ist niemand mehr anzutreffen, wie er nach einigen Tagen der Erkundung feststellen muss. Die Bewohner waren zum Kriegsgeschehen auf die Erde zurückgekehrt, um dort zu kämpfen. In »Neu-Texas-City« kann er noch eine einzige verbleibende Frau ausmachen. Doch kann auf diesem Paar nicht die Hoffnung der Menschheit ruhen, denn Walter Gripp ist von dieser Frau angewidert. Sie hat die Situation ausgenutzt, um Läden zu plündern. Gripp sucht völlig entsetzt das Weite und flüchtet vor dem Egoismus der Frau wieder in die Einsamkeit. Zwanzig Jahre später, beschrieben in der Episode *August 2026 – sanfte Regen werden kommen* (vgl. S. 241 ff.) wird beschrieben, wie ein technologisch hochentwickeltes Wohnhaus seinem täglichen Zweck dient: nämlich den Menschen, die es bewohnten, das Leben so angenehm wie nur erdenklich zu machen. Die Wohnhäuser sind so konstruiert, dass sie den Alltag der Bewohner möglichst angenehm gestalten sollten: Weckservice, Essen wird bereitgestellt, Zigarren werden angezündet, Musik wird gespielt, die Hausbewohner werden nach ihren Wünschen gefragt. Das Haus, welches seinem Zweck wie ein Urwerk folgt, ist ein letztes Artefakt menschlichen Lebens. Auch dieser letzte Rest menschlicher Technik stirbt zuletzt. Ein umstürzender Baum bricht durchs Küchenfenster. Reinigungslösung fließt auf den Herd und setzt das Haus in Brand. Am Morgen des 5. August 2026 steht nach dem Brand nur noch eine Mauer des automatischen Hauses. Diese verkündet das Datum als letzte Handlung des Hauses. Der Niedergang des Gebäudes ist stellvertretend für den Niedergang der Menschheit. Jahre nachdem die Menschen durch den Atomkrieg ums Leben kamen, zerfallen auch ihre Bauwerke und ihre Spuren verschwinden immer mehr.

Auf die Dystopie bezogen, lässt sich feststellen, dass nicht nur ein Protagonist, welcher den Werdegang der Gesellschaft kritisch kommentiert und sich gegen die Gesellschaft erhebt, sein Leben verliert. Sondern die gesamte Menschheit wird in Bradburys Buch vernichtet.

3 Dystopische Gesellschaftselemente im Verlauf der Kolonialisierung des Mars

Eine Dystopie gleich wie die Utopie ist eine Literaturform, welche sich nicht etwa mit dem Leben einzelner Menschen auseinandersetzt, sondern mit den Zuständen in einer Gesellschaft. Beispielhaft werden in dem Gefüge dieser Gesellschaft zwar ein oder mehrere Einzelschicksale beschrieben, um zu zeigen, wie es den Menschen in der Gesellschaft ergehen kann. Doch ist dieses Schicksal nie unabhängig von der Gesellschaft. Folgende zwei Merkmale einer fiktiven Gesellschaft in Rahmen einer dystopischen Erzählung sollen an den *Mars-Chroniken* herausgearbeitet werden: einmal das Wohlstandsgefälle und zum Zweiten die absolute Kontrolle und Überwachung der Bürger durch den Staat.

3. 1 Das Wohlstandsgefälle auf dem Mars

Zunächst wird der Mars von einfachen Arbeitern besiedelt, welche Pionierarbeit leisten. Diese lassen auf dem Mars die ersten Siedlungen und Städte entstehen. Geschichtlich ist dies vergleichbar mit der Kolonialisierung des amerikanischen Kontinents. Als der Mars von diesen Menschen zu einem für sie bewohnbaren Planeten gestaltet wurde, kam von der Erde die wohlhabende Schicht, zunächst als Touristen, dann in Form von Menschen, die Ihre Macht und ihren Einfluss auf den Mars ausdehnten. Sie brachten Ihre Regeln und Normen mit. Sie bestimmten fortan das Geschehen auf dem Mars. Dies beschreibt Bradbury in der Erzählung *2004 – 2005: Das nennen der Namen* (vgl. S. 153 ff.). Hier wird deutlich, dass die neue Gesellschaft, die auf dem Mars entsteht, auch wieder abhängig wird, von jenen

Menschen bzw. von jener Gesellschaftsschicht, welche die materiellen Güter beherrscht. Sie geben Werte, Normen und Gesetzte vor. Nicht zuletzt sind diese Vorgaben aber ausgerichtet an den Interessen der Wohlhabenden, nicht an den Interessen der Menschen als jeweils eigenständige Wesen mit ihren Bedürfnissen und Freiheiten. Dies zeigt, im Sinne der Dystopie, dass eine Gesellschaft, die sich am Wesen des Menschen ausrichtet, in der alle gleichberechtigt sind, Illusion bleiben muss und die Macht sich doch wieder in der Schicht der Wohlhabenden kulminiert.

3. 2 Der Überwachungsstaat hält Einzug auf dem Mars

Da eine dystopische Gesellschaft das Gepräge eines Wohlstandsgefälles trägt, kann ein solches Gefälle nicht ohne Spannungen zwischen Arm und Reich bestehen. Die Wohlhabenden müssen bzw. wollen, um ihren Wohlstand zu sichern und ihre Macht zu behalten, Kontrolle ausüben über jene, die nicht an dem Wohlstand teilhaben, die aber gebraucht werden, um diesen Wohlstand zu erhalten. Um die Kontrolle ausüben zu können, müssen eventuelle Störenfriede und Andersdenker sofort ausgemacht und unschädlich gemacht werden. Die Macht ist stets begleitet von der Angst, diese zu verlieren. Jene die ursächlich für diesen Verlust sein könnten, müssen beseitigt werden. Hierzu wiederum ist nötig, die Bürger oder Mitglieder einer solchen Gesellschaft aufs Genaueste zu überwachen. Ähnlich wie in Bradburys Erzählung *Fahrenheit 451* herrscht eine starke Zensur. Die Machthaber auf dem Mars machen sich die Zensurpolitik auf der Erde zu Eigen, die dort seit dem Jahre 1975 besteht. Zunächst wurden nur die Inhalte von Comics und von Kriminalromanen beurteilt, später auch von Filmeninhalten. Schließlich mussten sich alle Literaturerzeugnisse den politischen und religiösen Auffassungen der »Gewerkschaften« beugen (vgl. S. 157).

Nun wurden zunächst die politischen Inhalte vorgegeben. Im weiteren Verlauf der Geschichte wurde die Politik zur Gänze abgeschafft. »Man hatte Angst vor dem Wort Politik. ... gleichbedeutend mit Kommunismus wurde [Anmerkung: die Politik], und es war lebensgefährlich, das Wort in den Mund zu nehmen!« (s. S. 157). Zur Zeit der Entstehung der *Mars-Chroniken* tobte in den U.S.A. die Verfolgung des Kommunismus, den man überall lauern sah. Darin steckt der Keim der Idee, dass sich jeder mit der herrschenden politischen Gesinnung identifizieren muss. Andernfalls könnte er als Feind der Gesellschaft gelten. Sicherer ist es, er schweigt oder lässt sich gar nicht erst auf solche Gesprächsthemen ein.

Ein letztes Beispiel aus den *Mars-Chroniken*: »Jeder Mensch, so hieß es, muss der Wirklichkeit ins Auge sehen, muß das Hier und Jetzt bewältigen und was dieser Maxime nicht entsprach, mußte verschwinden.« (s. S. 158). Literatur und Kunst befassen sich mit vergangenen Gedanken, ähnlich wie der Archäologe Jeff Spender die Werte der Marsmenschen, ihre harmonische und friedfertige Gesellschaft in deren Hinterlassenschaften erblicken konnte, könnte man in den Werken, der Kunst und der Literatur, der vergangenen Menschheit, deren unterschiedliche Ideen und Träume erkennen. Deshalb gilt für den totalitären Staat, dass diese Gedankenträger verschwinden müssen, deshalb hat nur das »Hier und Jetzt« Geltung. Jeder der zurückblickt, wie Jeff Spender, und der Maxime der Gegenwartsgläubigkeit nicht entspricht, wird beseitigt, »muß verschwinden«. Die Marsgesellschaft wandelt sich nicht zu einem neuen Leben und einer neuen Chance für die Menschen, sondern Altes von der Erde wird übernommen und behält seine uneingeschränkte Geltung.

Zur Kontrolle der Menschen ist ein Überwachungsapparat nötig. Eine Vielzahl von Behörden, wie sie aus der Geschichte realer totalitärer Staaten bekannt sind, ist nötig. So kennt auch der Mars absurde Institutionen, wie zum Beispiel eine »Behörde für moralisch sauberes Klima« (s. S. 159). Nach Bradbury haben diese Behörden ihre Arbeit auf dem Mars aufgenommen, den sie in Kürze so zu ideologisch reinigen gedenken genau wie die Erde (vgl. S. 159).

Die Marsgesellschaft ist damit keine freiheitliche Gesellschaft, die am Glück und Wohlstand, an Gleichheit und Zufriedenheit ihrer einzelnen Bürger ausgerichtet ist. Vielmehr entwickelt sich der Mars im Verlauf der Geschichte seiner menschlichen Besiedlung zu einem Unterdrückungsstaat nach dem Vorbild der alten Erde. Eine Dystopie, anders als eine Utopie, will einen Staat beschreiben der nicht besser ist als die existierenden Zustände, sondern einen Staat, der die schlechten Zustände menschlicher Gesellschaften noch verstärkt und die Menschen unterdrückt.

4 Welche Funktionen der Dystopie lassen sich in den *Mars-Chroniken* ausmachen?

Wie gerade geschrieben, geht es in einer Dystopie grundsätzlich um eine fiktionale menschliche Gesellschaft. Näher hin geht es nicht um eine Idealgesellschaft oder den Idealstaat schlechthin, welcher seinen Bürgern das bestmögliche menschenwürdige Leben verspricht und die Möglichkeit der Umsetzung eines solchen Staatsideals in der Zukunft. Vielmehr geht es darum, zu zeigen, dass sich die schlechten Züge der Menschheitsgeschichte nicht nur Wiederholen können, sondern dass das Schlechte, welches der Egoismus und die

Machtgier Einzelner in eine Gesellschaft einbringen, sich jederzeit in den Wendungen der Geschichte zuspitzen kann und die Möglichkeit eines lebenswerten und freiheitlichen Lebens für zahlreiche Individuen damit in weite Ferne wenn nicht gar in die Unmöglichkeit rückt. Eine Dystopie hält dem Menschen letztlich sein Unvermögen vor, endlich eine Form des Zusammenlebens zu schaffen, in der nicht einige Wenige auf Kosten des Lebens, der Arbeitskraft, des Schaffens etc. Anderer leben. Im übelsten Fall geht dieses gute Leben Einiger auf Kosten des Lebens Anderer. Ihr Tod wird ohne weiteres in Kauf genommen, um den Status einiger Mitglieder einer bestehenden Gesellschaft zu sichern. In Bradburys Erzählung sollen drei Beispiele für diese grundsätzliche Kritik an der Fähigkeit des Menschen eine ideale Gesellschaft zu bilden aufgezeigt werden: Bradburys Heimat Amerika baut selbst – obwohl als Land der Freiheit gepriesen – auf der Unterdrückung einer indigenen Bevölkerung auf. In einem Idealstaat leben die Menschen in einer Gemeinschaft, es gibt keine Einsamkeit, sondern jeder findet seinen Platz, an dem er gebraucht wird und durch den er mit anderen zusammenkommt und eingebunden ist. Im dystopisch beschriebenen Staatsgebilde vereinsamt der Mensch stetig.

4. 1 Kritik an den Wurzeln der amerikanischen Gesellschaft

Bradbury äußerte selbst in seinen Memoiren (2012 erschienen), dass die *Mars-Chroniken* sich unter anderem auf die »unvernünftige« Kolonialisierung Amerikas durch die Europäer bezögen. Die amerikanische Gesellschaft, wie sie sich zur Zeit der Entstehung der Mars-Chroniken gab, blickt auf eine Vergangenheit der Unterdrückung und Ausrottung der indianischen Ureinwohner zurück. Sie lebten damals in eigens für sie bestimmten Reservaten, unterdrückt und verarmt. Teilweise wurden die Ureinwohner absichtlich, teilweise durch unüberlegtes Vorgehen an den Rand ihrer Existenz gedrängt.

In den *Mars-Chroniken* findet sich hierzu folgendes Gegenstück zur Geschichte Amerikas: während der dritten Marsexpedition haben die Menschen die Windpocken auf den Mars gebracht. In der Erzählung *Juni 2001 – so hell des Mondes Pracht* (vgl. S. 79 ff.) kommt heraus, dass die vierte Marsexpedition der Menschen nur noch einen Planeten vorfindet, auf dem die gesamte Zivilisation der Marsianer den Windpocken, die für sie eine tödliche Seuche darstellten, ausgerottet wurde. Der Anthropologe George Klos (2007) geht davon aus, dass über 90 % der texanischen Indianer durch eingeschleppte Epidemien getötet wurden. Insbesondere betraf dies den Volksstamm der Cherokee. In der Geschichte Juni 2001 appelliert Jeff Spender an ein Crewmitglied mit Namen »Cheroke«, welcher ein Nachfahre besagter Cherokeeindianer sei. Spender fragt, ob es rechtens sei, einfach die Welt eines fremden Volkes, der Marsianer, umzukrempeln. Tatsächlich bringt ihm auch Cheroke Verständnis entgegen: »... Ich habe etwas Cherokee-Blut im Leib. Mein Großvater hat mir viel über das Oklahoma-Gebiet erzählt. Wenn es da draußen wirklich einen Marsianer gibt, hat er mein volles Mitgefühl.« (s. S. 90).

4. 2 Vereinsamung des Menschen durch die Technisierung seiner Lebenswelt

Letztlich ist jeder einzelne Mensch beseelt von dem Wunsch, nicht alleine auf dieser Welt zu leben. In einer utopischen Gesellschaft findet jeder Mensch seinen Platz in der Gemeinschaft und dadurch die Anerkennung seines Gegenübers. Im dystopischen Entwurf der menschlichen Lebenswelt, welchen Bradbury skizziert, kämpft der Mensch mit der Vereinsamung.

In der Geschichte *April 2026: Die langen Jahre* (vgl. S. 227 ff.) beschreibt Bradbury, wie Captain Wilder, Anführer der vierten Marsexpedition, an welcher Jeff Spender teilnahm, von einer 25 Jahre andauernden Jupiterreise auf den Mars zurückkehrte. In der Zwischenzeit löschte der Atomkrieg auf der Erde einen großen Teil der Menschheit aus. Wilder und sein Begleiter Williamson begegnen auf dem Mars einem Mr. Hathaway. Dieser lädt die beiden Ankömmlinge zu sich und seiner Familie ein. Dort muss der Begleiter Wilders feststellen, dass Hathaways Kinder nicht gealtert zu sein scheinen. Denn Williamson ging mit Hathaways Sohn zur Schule und auch seine Töchter waren ihm aus seiner Kindheit und Jugend in Erinnerung. Im weiteren Verlauf stellt sich heraus, dass Hathaways Kinder verstorben sein müssen, und zwar im Jahre 2007. Aus der Geschichte, wenn auch nicht wörtlich ausgesprochen, geht hervor, dass Hathaways Familie Nachbauten, also Androiden sind. Um der Vereinsamung und der Menschenleere vorzubeugen, baute sich Hathaway seine Familie nach. Er lebt umgeben von Robotern, die nichts anderes zur Aufgabe haben, als seine Familie zu ersetzen.

Hathaway baut nicht nur seine Familie nach, sondern er ersetzt sogar seine ganze Lebenswelt, die Stadt in der er lebt und die nun keinen Menschen mehr außer ihm beherbergt, durch technische Hilfsmittel. Dadurch gibt er ihr den Anschein, als sei sie noch belebt. Er bringt Lautsprecher an, um Geräusche zu erzeugen, lässt sich von einer Tonbandstimme von Zeit zu Zeit anrufen, um mit ihr wissenschaftliche Fragen zu erörtern. Hathaway gelingt es, sich derart mit Technik zu umgeben, dass er keine echte Person mehr benötigt, um nicht zu vereinsamen. Zumindest kann er sich so der Illusion hingeben, als sei alles in Ordnung und er sei Bestandteil eines gesellschaftlichen Gefüges.

Hinter dieser Geschichte spiegelt sich die Angst wieder, dass menschliche Arbeitskraft, menschliches Können und Fertigkeiten durch Maschinen und Technik ersetzt werden können. Menschen, die nicht wie Hathaway, Wissenschaftler und Erfinder sind, sondern Arbeiten einfach nur ausführen, können ersetzt werden. Doch wird der Mensch nur unter diesem Gesichtspunkt der Arbeit und Schaffenskraft betrachtet, nur leistungsorientiert eingestuft, fällt das Zwischenmenschliche weg. Der Mensch vereinsamt im Funktionalen und muss sich selbst einreden, dass er nicht einsam ist.

5 Der Mensch steht einer besseren Zukunft selbst im Weg

Eine Erzählung wie die *Mars-Chroniken* versetzt den Leser in eine hoffnungslose Stimmung. Die Dystopie soll jede Illusion auf eine ideale Gesellschaftsform zerstören. Dies ist Bradbury in den *Mars-Chroniken* gelungen. Er zeigt sehr deutlich, dass die Menschen sich selbst dabei im Wege stehen, eine neue, bessere Welt zu schaffen. Die Geschichte wiederholt sich. Erst werden die Marsianer ausgerottet, dann löscht sich die Menschheit selbst aus. Dies alles nur, weil jeder Einzelne seinen eigenen, egoistischen Interessen und Wünschen nachgeht. Wie die Frau, die Walter Gripp trifft, beispielhaft verdeutlicht. Gripp hat gar kein Interesse mehr, mit ihr eine Liebesbeziehung einzugehen, weil er von ihrem egoistischen Charakter abgestoßen wird. Der Mensch kann seinen negativen Eigenschaften nicht entfliehen. Der Mensch bleibt der größte Feind anderer Menschen. Erst wenn es niemanden mehr gibt, den man bekämpfen kann, weil er eventuell den eigenen Interessen und deren Umsetzung im Wege steht, kehrt Ruhe auf der Welt ein. Bradbury zerstört jeden Wunschgedanken an eine bessere Welt. Selbst auf den fernsten Planeten bringt der Mensch seine Schattenseiten mit. Daher kann Bradburys Erzählung mit Recht als eine Dystopie betrachtet werden.

6 Quellenverzeichnis

Anonym: http://dystopischeliteratur.org/merkmale-von-klassischen-dystopien/ [25. 10. 2015]

Anonym: http://www.raybradbury.com/ [25. 10. 2015]

Anonym: https://de.wikipedia.org/wiki/Dystopie [25. 10. 2015]

Nicola Bardola (Hrsg.): *Utopien. Ein Lesebuch.* Frankfurt a. M., 2012.

Ray Bradburg: *Die Mars-Chroniken.* Roman in Erzählungen. Aus dem Amerikanischen übersetzt von Thomas Schlück. Zürich, 1981.

Ders.: *Ausgewählte Erzählungen.* Hrsg. Daniel Keel & Daniel Kampa. Zürich, 2008.

George Klos: INDIANS, *Handbook of Texas Online*
(**http://www.tshaonline.org/handbook/online/articles/bzi04**), accessed November 09, 2015. Uploaded on June 15, 2010. Published by the Texas State Historical Association.